SIMONE ROSSI

OBIETTIVO 100 ACQUISIZIONI

Tecniche e Strategie Per Agenti Immobiliari Per Generare Incarichi In Esclusiva, Al Giusto Prezzo Di Mercato e A Commissioni Piene

Titolo

"OBIETTIVO 100 ACQUISIZIONI"

Autore

Simone Rossi

Editore

Bruno Editore

Sito internet

http://www.brunoeditore.it

Sommario

Prefazione

Era il 1995 quando decisi di portare in Italia REMAX, all'epoca un gruppo immobiliare di successo in Nord America ma completamente sconosciuto nel resto del mondo, Italia compresa. REMAX si distingueva dagli altri gruppi per essere la casa degli esperti, dei migliori agenti immobiliari, dei cosiddetti Top Producers.

In Italia, il modello di business che in terra natia vantava di attirare i Top Producers all'interno delle proprie agenzie, faticava a trovare questi fenomeni. Non esistevano, ovvero, c'erano sicuramente tanti titolari di agenzie di successo che tuttavia avevano difficoltà a comprendere quanto vantaggioso fosse lavorare in uno studio associato e ritenevano pertanto il modello REMAX, erroneamente, come un passo indietro.

A maggior ragione non esistevano agenti che lavorassero presso un'agenzia e che fossero estremamente performanti, anche perché, se lo fossero stati, avrebbero aperto una propria agenzia tradizionale con tutte le criticità e oneri che ciò avrebbe comportato. D'altronde all'epoca non c'era altra soluzione.

Il modello REMAX avrebbe finalmente dato l'opportunità a persone valide e determinate di esprimersi al meglio e poter crescere oltre ogni più rosea previsione, in proprio ma non da soli, come imprenditori ma senza l'onere di dover aprire e gestire da soli un'agenzia, "coabitando" piuttosto (oggi lo chiamiamo co-working) con altri professionisti, con cui condividere costi e moltiplicare le sinergie.

Compresi ben presto che la strada per sviluppare REMAX in Italia sarebbe stata lunga poiché avrei dovuto creare ex novo una nuova generazione di agenti immobiliari che potessero crescere in REMAX, apprezzarne tutti i vantaggi che essa offriva rispetto al modello tradizionale e diventare dei Top Producers.

Simone Rossi all'epoca, poco più che quindicenne, studente alle superiori in quel di Bologna, la sua amata città, non poteva immaginare cosa lo attendeva. Non poteva pensare che un giorno ci sarebbe stata un'agenzia REMAX nella sua città che gli avrebbe dato l'opportunità di 'sfondare', di avere una crescita formidabile e una carriera gratificante in qualità di consulente REMAX. Simone è un Top Producer di cui siamo estremamente orgogliosi per i risultati ottenuti e soprattutto per essere stato capace di interpretare lo spirito di condivisione del nostro gruppo, tanto da voler condividere la sua esperienza e il suo meritato successo con centinaia e centinaia di altri colleghi agenti immobiliari desiderosi di sapere come c'è riuscito.

Questo suo manuale, di breve e facile lettura, trasmette in maniera chiara e sintetica quali sono i segreti del successo di Simone. Scorrendolo si percepisce la sua determinazione e perseveranza nell'allenarsi, nel migliorarsi per poter così diventare un vero Top Producer. Disarmante la semplicità delle azioni da eseguire e ciò nonostante efficaci nel guidare sia il neofita che l'agente più esperto sulla strada del successo, diventando un acquisitore 'seriale' con professionalità e attenzione per regalare al cliente un risultato al top. Bravo Simone e grazie!

Dario Castiglia
REMAX Italy

Introduzione

«Finalmente un libro per aiutare gli agenti immobiliari a prendere sistematicamente incarichi in esclusiva al giusto prezzo e a commissioni piene, scritto da un grande agente immobiliare» (recensione di un collega agente immobiliare). Se questo è quello che stai pensando, sei sulla strada giusta. Ripenso a quanto sarebbe stato bello se, all'inizio della mia carriera, avessi avuto anch'io questo libro tra le mani. Chissà quanti errori, soldi e tempo avrei risparmiato.

Piacere, mi chiamo Simone Rossi e sono agente immobiliare a Bologna da 20 anni. Sono nato nel 1980, papà di due splendide bimbe, Alessia e Chiara, che sono il più bel successo della mia vita.

Riccione, 21 giugno 2019, è stata una data professionale importante perché, nello splendido scenario del Palariccione, vengo premiato come primo Team in Italia su 4.000 agenti Remax per volume di fatturato prodotto.

Nel 2018, i numeri sono stati importanti:

- 103: transazioni;

- 42 giorni: media di vendita di ogni immobile;

- 0.75%: sconto medio tra prezzo pubblicitario e prezzo di chiusura.

Da quel giorno i colleghi che incontro mi guardano pensando di avere di fronte un illuminato, un prescelto, uno che è nato così... Senza sapere che, esattamente il 27 settembre 2013, me lo ricordo ancora come fosse oggi, erano le 17:45, bevevo nervosamente un caffè, avevo bruciato 90.000 euro di cassa e, dall'inizio dell'anno, avevo effettuato zero transazioni immobiliari.

Ogni giorno mi scontravo sempre con le solite obiezioni che sono certo tu conosca, frasi come:

- «Il 3%? Mamma mia, così tanto? Altri mi chiedono molto meno di provvigione».

- «Se ha un cliente me lo porti, ma io non firmo nulla».

- «Io voglio X mila euro, il resto te lo prendi tu».

- «Devo prima parlare con mia moglie/mio marito» (per poi sparire per sempre).

- «Se lo accetti, bene, altrimenti c'è chi mi fa zero provvigioni».
- «Abbiamo affidato l'incarico a un altro che l'ha valutato 30.000 euro in più». E tu sai benissimo che tutto questo è solo per compiacere il proprietario, per poi massacrarlo a colpi di ribassi dalla settimana successiva.

E, quando si è sotto stress, quando le giornate finiscono, sembra di essere usciti da un frullatore... per poi domandarsi, senza sapersi rispondere: Ma per cosa ho corso tutto il giorno? Cosa ho davvero concretizzato? La verità? Giravo come un criceto nella ruota, senza un metodo.

Era uno di quei momenti in cui le cose non giravano bene, in cui ogni mattina, quando mi svegliavo, mi sembrava di avere nello stomaco i pugni di Hulk – hai presente quelli verdi giocattolo? – che frullavano 24 ore su 24, 7 giorni su 7. Uno di quei momenti che, prima o poi, passiamo tutti. Ma **quando *tocchi il fondo*,** hai soltanto due possibilità: affondare, oppure recuperare le energie e dare quel colpo di reni che ti risolleva.

In quel momento stava nascendo la mia seconda figlia, Chiara, e se anche tu sei un genitore, sai che non c'è nulla di più importante del pensare alla serenità dei tuoi figli e dare loro un futuro.

Sono riuscito a recuperare le forze necessarie, mi sono focalizzato su quella che era la mia attività e ho imparato dai migliori al mondo del nostro settore. Ho viaggiato e studiato come un forsennato, investito un sacco di soldi in corsi di formazione, rimanendo lontano dalla mia famiglia e da casa non so neanche io quanti fine settimana.

Ho imparato dai migliori al mondo di questo settore per arrivare dove sono arrivato oggi. Ho ***testato, studiato, sbagliato e ricominciato*** e il risultato è stato incredibile. Se mi avessero detto che la mia carriera avrebbe avuto uno sviluppo di questo tipo, avrei firmato con ogni goccia di sangue possibile.

Da quando ho cominciato ad avere certi risultati e a diventare il primo agente della Remax, ho cominciato a ricevere diverse chiamate e messaggi da colleghi che mi chiedevano:

- Come posso prendere anch'io 7-8-10 incarichi in esclusiva al mese al giusto prezzo e commissioni piene?

- Come fai a prendere gli immobili alla quotazione corretta di mercato?
- Come posso incassare le commissioni senza sconti?

Quello che posso dirti, basandomi sulla mia esperienza concreta sul campo, è che esiste un processo matematico che va da un punto A sino a un punto B, che attraversa tutte le strategie necessarie per diventare un grande agente immobiliare e prendere tanti incarichi in esclusiva.

Oggi tutti i miei incarichi sono in esclusiva e al 3%. Con una vendibilità media di 28 giorni (dato al 30/11/2019).

Posso garantirti che in Italia non esiste nulla del genere. Sì, ci sono corsi che ti insegnano la teoria, ma non la pratica. Sono fatti da gente che non è sulla strada ogni giorno, come te e come me, da gente che non ha scalato la montagna che dobbiamo scalare noi, ma che l'ha solo studiata sulla carta, e tu sai bene che nel nostro settore cambia un bel po'.

Se deciderai di leggere questo libro, ti passerò delle informazioni reali e, comunque, per guadagnare dovrai fare fatica, dovrai darti da fare, perché in questo mondo nessuno ti regala nulla.

Ti auguro il meglio,
e buone vendite.

Simone Rossi

Capitolo 1:
I nemici degli agenti immobiliari

Perché quando il perché è forte, il come non è mai problema.
(Anthony Robbins)

Sono un agente immobiliare come te, è da vent'anni che faccio questo lavoro e conosco alla perfezione tutte le problematiche che ogni giorno viviamo sul campo, come trovare clienti motivati, come prendere degli incarichi alla giusta valutazione di mercato, come non negoziare le nostre commissioni, ma negoziare al meglio il prezzo per il cliente venditore. Ti svelerò come faccio io.

Da quando svolgo questa attività, ho capito che esistono tre modi per fare l'agente immobiliare:

1. Il primo modo è quello di aspettare il business, aspettare seduti, sperando che qualcosa succeda. Il limite di questa operatività è che, sostanzialmente, si riescono a ottenere da 0 a 10 transizioni all'anno.

2.La seconda possibilità è quella di comprare il business, quindi pagare moltissimi soldi in promozione e pubblicità, sperando che qualcosa accada. Il limite di questa operatività è che sai quanto spendi, ma non quale sarà il ritorno economico nelle tue tasche.

3.La terza possibilità è cercare business ogni giorno. Io sono specializzato in quest'ultima ed è questo il tema di tutti i capitoli che seguono.

Prima di andare avanti vorrei sottolineare un concetto importante. A breve ti mostrerò la mia agenda e certamente penserai «Questo è un folle...» E probabilmente hai ragione, ma io ho deciso di ottenere grandi risultati per me, per la mia famiglia e per chi mi sta vicino.

Per prepararti all'impatto ci sono due domande molto importanti che devi farti subito.

1) Qual è il mio perché?
Ti consiglio di leggere il libro di Simon Sinek, *Partire dal perché*. Cos'è che ti muove davvero, cosa ti fa scattare giù dal letto quando la sveglia suona la mattina? Devi trovarlo. Ogni mattina, quando scendi dal letto, non pensare a cosa devi fare, ma al perché lo devi fare.

Molti pensano che il cambiamento sia una cosa lenta, in realtà ti garantisco – provato al 100% sulla mia pelle – che è un attimo, lo switch dura un secondo. Ti dici «stop, ora le cose cambiano» e vuoi migliorare sempre, non ti accontenti più di sopravvivere ma vuoi ottenere grandi risultati.

Ti consiglio una regola che io applico da un po' di anni: la **regola del 10%**. Il 10% del mio fatturato va reinvestito in formazione costante e continua. Se non reputi che la formazione sia un asset importante, sappi che, nel momento in cui un tuo concorrente invece lo penserà, lui aumenterà il suo "arsenale" e ti ruberà quote di mercato e clienti.

Devi metterti nella condizione di non combattere mai ad armi pari, altrimenti hai già perso. Il tuo arsenale di competenze deve essere talmente avanti da darti un vantaggio competitivo su tutti.

2) Sono disposto a pagare il prezzo?
Sto parlando del prezzo della costanza, del prezzo che ha il fare le cose sia quando ne hai voglia sia quando non ne hai. Perché è vero che chiudo il 2019 con circa 120 transazioni immobiliari, ma ogni

giorno mi sono svegliato sapendo di partire da zero: zero appuntamenti; zero incarichi; zero transazioni; zero fatturato. Questo è il focus che ti permetterà di non adagiarti sugli allori.

Dobbiamo agire come se avessimo firmato un contratto con i nostri sogni, fare in modo che questo diventi la nostra magnifica ossessione, perché sarà la nostra energia per accendere il motore.

Il primo problema che incontro più spesso, e che ho affrontato anch'io in passato, è la gestione del tempo. Ora condivido con te la mia agenda.

Si tratta di un'agenda definita a blocchi vincolanti che, sostanzialmente, io vado a pianificare la settimana prima sapendo già dove/come/quando farò tutte le attività necessarie per riuscire a ottenere i risultati di cui ti parlavo. Entreremo nel dettaglio delle attività più avanti.

Ti faccio una confidenza. Se dieci anni fa, durante le mie folli giornate da tredici ore di lavoro, mi avessero fermato e mi avessero chiesto in cosa fossi realmente impegnato, avrei fatto fatica a rispondere. In realtà era un periodo in cui era l'agenda a seguire me, mentre il concetto alla base della gestione del tempo è che sei tu, come agente immobiliare, che devi seguire l'agenda.

Questi sono i tre motivi per cui seguire un'agenda a blocchi vincolanti avrà un impatto sulla tua attività lavorativa:

1.serve a togliere azioni improduttive;

2.non ti dà la possibilità di essere creativo se prima non hai fatto quello che devi fare;

3.più sarà rigida, meno sarai travolto dagli eventi e più saranno i risultati che otterrai.

Perché, ricordiamocelo, non basta essere impegnati, perché impegnate lo sono anche le formiche. Chi ha incarichi controlla il mercato. Semplice, stop. I grandi top producer sono grandissimi acquisitori.

Prima di essere ancora più specifico, come farò tra breve, partiamo da due concetti che sono alla base della nostra attività lavorativa:

1. Bisogna parlare con le persone (*fare ricerca*); questa è la base.
2. Le basi non si toccano. Le basi si possono implementare, sono completamente d'accordo, ma non si toccano.

E bisogna darsi da fare ogni giorno, sia che se ne abbia voglia sia che non se ne abbia. Perché non dimentichiamo che le persone più facili da prendere in giro siamo noi stessi.

Mi ha sempre colpito una frase: *la routine è segno di successo*. Tutti i top producer che ho conosciuto negli USA e nel Nord Europa mi hanno sempre fatto presente che è la costanza a fare davvero la differenza nel campo delle vendite immobiliari

E il successo, nella nostra attività lavorativa, vuol dire entrare in contatto con almeno 30, 40, 50 persone ogni giorno. Io nella mia attività di routine mattutina seguo semplicemente queste quattro regole:

- **Prima regola:** focus di cinquanta minuti sull'attività di ricerca, poi stacca dieci minuti.

- **Seconda regola**: tieni traccia di tutti i dati relativi alla tua ricerca.

- **Terza regola**: pianifica le persone che andrai a contattare la sera prima.

- **Quarta regola**: tieniti lontano dalle distrazioni.

Se stai leggendo questo libro, immagino che non sarai un cardiochirurgo in urgenza in un pronto soccorso, di conseguenza le distrazioni è opportuno posticiparle a un momento che hai già pianificato.

Immagino i dubbi che ora ti vengono, e sono legittimi, posso garantirti che so di cosa stiamo parlando. Per darti un'idea, quando fai 100 transazioni immobiliari, e hai figli, moglie e così via, so benissimo che ci sono molte persone che ti vorrebbero tirare per la giacchetta chiedendo la tua attenzione, ma farlo così è controproducente per tutti, per il tuo lavoro e per loro, perché non sarai concentrato al 100% in nessuna delle due cose.

Ho preferito specificarti fin da subito questo concetto prima di entrare nell'ambito pratico, perché tutto questo è semplice ma non facile. Ma la regola e l'impostazione mentale che tutti noi dobbiamo avere ogni giorno è: *qua fuori c'è qualcuno che deve vendere, troviamolo!* Perché non ci si può aspettare di raccogliere senza arare, come non ci si può aspettare la pioggia prima di tuoni e lampi.

Ora entriamo nel merito del dove trovare i venditori e come comunicare con loro al meglio per ottenere quello che è il carburante giornaliero di ogni agente immobiliare: le informazioni o, in gergo tecnico, *notizie*.

RIEPILOGO DEL CAPITOLO 1:

- SEGRETO n. 1: trova il tuo perché.

- SEGRETO n. 2: pianifica e segui l'agenda, non viceversa.

- SEGRETO n. 3: utilizza il sistema dei blocchi vincolanti.

- SEGRETO n. 4: chi ha gli incarichi di vendita controlla il mercato.

- SEGRETO n. 5: concentrati ogni giorno nello sviluppare nuovo business.

Capitolo 2:

Come trovare venditori seri e motivati

*Tra 20 anni saremo più delusi delle cose che non abbiamo fatto,
che delle cose che abbiamo fatto*
(Mark Twain)

La mattina deve essere dedicata alla creazione di nuove opportunità di lavoro. I grandi agenti immobiliari sono consapevoli del fatto che, ogni giorno, bisogna sviluppare nuove opportunità.

Dove trovare i venditori di immobili? Partirò da quelle che sono le fonti più fredde fino ad arrivare a quelle più calde e più performanti. Tutte hanno la loro importanza. Ricorda di pianificare antecedentemente quali fonti chiamare e quanti contatti fare per ogni slot di tempo. Serve un'etica da operaio sposata a un'indomabile forza di volontà.

Fonti fredde

1. AMV (Appena messo in vendita)

La prima modalità è quella dell'"appena messo in vendita" e la convocazione all'open house. Sostanzialmente prendi un tuo immobile, o un immobile di un tuo collega, e vai a informare le persone che abitano vicino a quella casa che l'immobile è stato messo in vendita.

Per capirci, lo script che è il seguente:

Buongiorno, mi chiamo XXX e sono dell'Agenzia XXX. La nostra agenzia ha appena messo in vendita un immobile nel vostro quartiere, precisamente in via XXX. Si tratta dell'immobile composto da XXX e ha un prezzo di XXX euro. Organizzeremo un evento sabato dalle 10:00 alle 12:00 dove chiunque può visionare l'immobile.

1) Mi chiedevo, conosce qualcuno che vuole avvicinarsi a vivere nella sua zona? [Risposta: sì/no]. *Benissimo...*
2) Le chiedo un ultimo aiuto. Le persone che abitano nella casa che sto vendendo stanno cercando qualcosa di più grande/più piccolo da acquistare. Chi tra i suoi conoscenti o condomini, anche in altre zone, potrebbe in questo momento avere bisogno di vendere casa? La ringrazio ancora.

Sostanzialmente si tratta di una versione modificata in maniera elegante dello script che andava negli anni '80-'90, in cui si partiva dicendo: «Mi hanno detto che c'è una casa in vendita nel suo stabile, mi può dire qual è?» Che, ormai lo sanno anche i gatti, è una frase di rito che utilizzano le agenzie immobiliari.

2) AV (Appena venduto)

La seconda fonte è quella dell'"Appena venduto". Prendi di nuovo un immobile tuo, o di un tuo collega, che è stato venduto e vai ad avvertire le persone vicine a quell'immobile che è stata venduta una casa nella loro zona. L'obiettivo è quello di sensibilizzare qualcuno che magari ci sta pensando e che potrebbe dire: «Cavolo! Questo ha già venduto una casa, potenzialmente potrebbe avere degli altri clienti»

Questo lo script:

Buongiorno, mi chiamo XXX e sono dell'Agenzia XXX. La nostra agenzia ha appena venduto nel vostro quartiere, precisamente in via XXX. Si tratta dell'immobile vicino a XXX che era composto da XXX e che è stato venduto un prezzo di XXX euro.

Ho preso un impegno con chi è arrivato troppo tardi (la casa era già stata venduta) di cercargli altri immobili in zona.

1) Mi chiedevo, conosce qualcuno che vuole vendere casa nei prossimi 3 mesi? Chi tra i suoi conoscenti, anche in altre zone, potrebbe in questo momento aver bisogno di vendere casa?

2) Capisco. E lei, invece, ha intenzione di vendere casa? La ringrazio ancora.

3) TMK TOP (Telemarketing top)

Terza fonte: nel momento in cui comincerai a chiamare costantemente queste persone, ce ne saranno alcune che non ti rispondono e non ti danno informazioni, ma ci saranno anche quelle che invece ti daranno informazioni. L'importante è tenere tracce, appuntarsi le persone che ci hanno dato queste informazioni, che io inserisco in un mio modello Excel che chiamo "Telemarketing Top". Perché? Perché sono persone disponibili ad ascoltarci e a darci delle informazioni.

Nel nostro lavoro di ricerca, uno degli elementi più importanti è cercare di ottimizzare il tempo tra ricerche effettuate e informazioni ottenute. Quindi, avere già una sorta di file che contiene delle persone che è probabile che ci diano delle informazioni va ad aumentare la qualità e i risultati della nostra ricerca quotidiana.

Questo lo script:

Buongiorno, mi chiamo XXX e sono dell'Agenzia XXX. Ci siamo sentiti qualche mese fa perché stavo vendendo una casa vicino a dove abita lei. E, come faccio di solito, avviso le persone che abitano già in zona, perché magari vogliono avvicinare famigliari, amici eccetera. È andata bene perché l'abbiamo venduta, ma ai tempi lei fu davvero gentile e vorrei chiederle un aiuto, se posso.

1) Stavolta mi chiedevo, conosce qualcuno che invece *vuole vendere casa nei prossimi 3 mesi?*

2) Capisco. E lei invece quando ha intenzione di vendere casa?

3) Benissimo, la ringrazio per la sua disponibilità e le chiedo un'ultima cosa: chi tra i suoi conoscenti, anche in altre zone, potrebbe in questo momento avere bisogno di vendere casa? La ringrazio ancora.

4- VDP (Venditori privati)

La quarta fonte sono i venditori privati. Probabilmente la più ostica di tutti. E quindi ti invito, prima di buttarti a chiamare queste persone, di allenarti nel *role play*. Come gestire le obiezioni, come affrontare i vari dubbi, cosa dire cosa e cosa non dire... diventa tutta una questione di allenamento. Ricordiamoci che un venditore privato è una persona che non ha ancora capito quello che può essere il valore del nostro lavoro e quindi diventa fondamentale da parte nostra trasmettergli queste competenze.

Il mio script è molto snello ed è questo:

Buongiorno, mi chiamo XXX e sono dell'Agenzia XXX. Telefono per l'annuncio visto sul sito XXX. Parlo con il proprietario? Piacere... Come sa il mio lavoro è studiare immobili e prezzi e parlare con i proprietari quotidianamente. Proprio il giorno XXX sono dalle sue parti. Preferisce che ci incontriamo il XXX alle ore XXX o il XXX alle ore XXX? (Ora fissa e basta, il resto delle domande rimandale alla prequalifica in un secondo momento, più avanti vedremo di cosa si tratta).

Fonti calde

5) CP/CDI (Clienti passati/centri influenza)

Questa fonte è costituita dai clienti passati e dai centri d'influenza (approfondiremo nel prossimo capitolo). Io sapevo sin dall'inizio che, se avessi conquistato almeno mille fan – non parlo di clienti, ma di fan, che sono persone disposte a fare il tuo nome a coloro che magari hanno delle esigenze immobiliari –, se avessi ottenuto quel tipo di risultato, il mio business sarebbe decollato.

E non è complicato, basta fare le persone felici e mantenere il canale comunicativo aperto. È inutile che ti neghi che questa è la mia fonte preferita, quella che mi dà le massime soddisfazioni. C'è un libro bellissimo di Kevin Kelly, *Mille veri fans*, che ti invito comunque a leggere.

Il compito di ogni agente immobiliare *top producer* è quello di costruire il prima possibile l'armata dei 1000 clienti fan: persone, come ti dicevo, disposte a fare il tuo nome quando capitano delle occasioni in cui, magari un conoscente, o un amico, ha una necessità immobiliare. È una delle cose più importanti che tu possa fare per il tuo successo, e a questa fonte dedico tempo e investimenti utilizzando sistemi che mi permettono di mantenere il canale comunicativo aperto.

Ecco lo script che utilizzo:

Buongiorno/ciao sono Simone Rossi della XXX immobiliare. Ho bisogno di due minuti del tuo tempo, se puoi. Ti viene in mente qualcuno tra i tuoi conoscenti/amici/colleghi che stia pensando di vendere nei prossimi 6 mesi? [Risposta: sì/no].

1) Benissimo. Ti dispiace se lo contatto?

2) [Magari devo sentirlo prima...] *Benissimo, facciamo così, domattina ti chiamo così prima lo avverti e mi dai il suo diretto.*

3) Già che ci sono, ti do un'informazione che penso possa esserti utile, sai che... (Qui devi lasciare un'informazione di valore: mutui vantaggiosi/mercato ecc.).

6) BNI (Business Network International)

La sesta fonte è il BNI. Probabilmente ne hai sentito parlare, se non è così, te la spiego brevemente. È sostanzialmente un gruppo, un network di professionisti che si incontrano una volta alla settimana scambiandosi le referenze. Per cui, all'interno di questo network, avrai, come nel mio capitolo, ottanta professioni diverse. Non c'è sovrapposizione.

Per capirci meglio, uno va a chiedere a queste altre persone delle referenze, delle segnalazioni su aspetti inerenti alla propria attività. La cosa è davvero interessante perché, ovviamente, non è così scontato che uno ti passi le referenze. Diventa fondamentale cercare di instaurare un rapporto di fiducia con i professionisti all'interno della rete.

Ma, nel momento in cui diventerai bravo in tutto questo, la fortuna sarà che sul tavolo ti arriveranno persone referenziate da altre e, a quel punto, se tu sarai abile nello svolgere la tua attività, avrai meno problemi nel chiudere e meno problemi a prendere l'incarico a una cifra di mercato interessante senza dover necessariamente scontare le tue commissioni.

Fonti innovative

Settima e ottava fonte. Prima di entrare nel merito, un concetto di base: *non si può spingere il tasto "pausa" nell'innovazione neanche nel nostro settore*. Allora la domanda giusta da farsi è: che cosa può fare la tecnologia per implementare i risultati del nostro lavoro? E sostanzialmente le fonti sette e otto si basano su scoperte che ho fatto e che voglio condividere con te.

7) Applicazione per segnalatori "Acquisizione Vincente"

Crearsi uno strumento tecnologico che faccia tutto in autonomia.

A un certo punto della mia carriera ho capito che dovevo comportarmi come una vera azienda se volevo dar luce ai miei obiettivi, e smetterla di pensare sempre come un piccolo artigiano di quartiere.

Tutte le grandi aziende hanno un programma di fidelizzazione, automatico, preciso che gli permette di essere sempre in testa nelle persone ma che allo stesso tempo fosse strutturato e autonomo.

Io l'ho creato/lanciato/testato e si tratta di una vera App sul cellulare con il tuo nome e personalizzata.

Una vera applicazione che ha l'obiettivo di farti arrivare sul tavolo, segnalazioni di persone che vogliono vendere casa in modo automatico, inviata da persone che conosci e che hanno fiducia in te.

Abbiamo lanciato la prima vera rete di SEGNALATORI.

Ho trovato la migliore azienda in questo campo Migastone e insieme abbiamo costruito questo strumento tecnologico specifico per agenti immobiliari.

Il successo e' stato tale che mi hanno chiesto un intervista il Sele24ore a Radio 24 "Agente 4.0" i lavori di domani.

Se ti interessa vedere un webinar con tutti i funzionamenti di questa APP lo trovi qui--→ www.migastone.eu/acquisizionevincente

8) Video informativi

Ottava e ultima fonte. Ho cominciato a utilizzarla un anno fa, prendendo spunto da quello che fanno i migliori agenti immobiliari del mondo negli Stati Uniti, che tendenzialmente sono almeno quattro o cinque anni più avanti di noi.

Crea una tua strategia personale di video. Vai a raccontare pensando a quello che può interessare al tuo target che, ti ricordo, sono le persone che devono vendere il loro immobile. Che cosa si stanno chiedendo? Quali sono le loro paure? Come catturare a loro attenzione? Quali sono i dubbi che hanno bisogno di risolvere subito?

Dovrebbe essere una soluzione ultraspecifica per una nicchia ultraspecifica. Su questo, crei un piano editoriale formato da un paio di contenuti settimanali su quello che puoi fare per loro, mostrandoli sempre sotto un aspetto informativo e non commerciale.

La *prima* cosa che voglio dirti è che serve del tempo. La *seconda* è che serve del budget: non buttarti – come ho fatto io in passato – in un'attività di questo tipo dedicandole poco tempo e, soprattutto, poche risorse.

Come metto in pratica questo tipo di attività? Il lunedì dedico un'ora a capire quali possono essere i temi interessanti per il mio target di clienti. Il secondo giorno dedico un'altra ora a correggere i testi dei video che andrò a registrare. Il terzo giorno, un'ora per produrre i due contenuti.

Produrre i due contenuti significa avere in autonomia una macchina fotografica e il materiale necessario, come ad esempio il microfono e le luci, e registrare in maniera autonoma per poi mandare tutto a una persona che lo fa di mestiere: un montatore.

Noi ci dobbiamo impegnare su quella che è la nostra attività e non improvvisarci a fare cose che non siamo in grado di fare facendo inevitabilmente passare un messaggio permeato di non professionalità.

Ricordiamoci che non possiamo permetterci di tenere i paraocchi e guardare a terra non prestando attenzione alle novità che ci passano a fianco. Ho parlato con i migliori agenti immobiliari al mondo, come ti dicevo, e il loro segreto è che non c'è nessun segreto, se non la costanza nel fare queste cose che ti ho appena raccontato: parlare con le persone ogni giorno, il famoso ritmo di cui ti parlavo prima.

Mi viene in mente una nota intervista a Serena Williams, la tennista, che un certo anno perse Wimbledon e divenne la numero due del mondo. In quel momento decise di ingaggiare come coach Anthony Robbins, che probabilmente è una persona di cui hai sentito almeno parlare.

Racconta che, durante la prima sessione, disse a Tony: «Guarda, io so benissimo che cosa devo fare. Io so cosa serve per diventare nuovamente la numero uno del mondo». A quel punto, Anthony

Robbins la guardò e le disse: «Cara Serena, quello che sai non conta *nulla*. Che cosa hai deciso di fare oggi?»

Spesso mi chiedono: Simone, qual è la fonte più importante? Sono tutte importanti, ma tra tutte una è strategica: i tuoi clienti passati e i centri di influenza. Il vero patrimonio di ogni agente immobiliare non sono gli immobili in portfolio, ma la lista dei clienti soddisfatti – e dei contatti – che sono disposti a fare il tuo nome a chiunque abbia necessità di vendere casa.

Per questo, senza tralasciare tutto il resto, dovresti cominciare a ragionare sulla costruzione della tua "armata da 1.000 fan".

Nel capitolo successivo entrerò nel merito delle strategie che utilizzo per implementare e rafforzare il legame tra il mio business e questa incredibile fonte.

RIEPILOGO DEL CAPITOLO 2:

- SEGRETO n. 1: mixa bene ogni giorno fonti fredde e calde e parla con 30-40-50 persone ogni giorno.

- SEGRETO n. 2: non si può spingere il bottone "pausa" nell'innovazione neanche nel nostro settore; pensa al futuro e organizzati.

- SEGRETO n. 3: l'impostazione mentale giusta è semplice: qui fuori c'è qualcuno che deve vendere, troviamolo.

Capitolo 3:

Come creare un team di segnalatori di immobili

*Molti lavori del prossimo futuro verranno rimpiazzati
da tecnologia e robot, ma non potranno mai sostituire
le doti specifiche umane, soprattutto la fiducia.*
(Cit.)

Impegnati a costruire fin da subito la tua armata da 1.000 fan che ti referenzieranno con fiducia ad amici/conoscenti/colleghi che devono vendere casa. Ecco i vantaggi:

1. *Poche spese di marketing.* Spesso vedo spendere fior di quattrini nel tentativo di convertire persone che non ci conoscono con cartelloni 20x20, miliardi di volantini eccetera, e poco o magari nulla per chi ha già avuto un'esperienza con noi.

2. *Più possibilità di convertire.* La referenza di un cliente mandato da un nostro cliente/fan che arriva sul nostro tavolo è un cliente che ha già una fiducia indiretta verso di noi, una sorta di fiducia per osmosi trasmessa dal nostro fan.

Che significa fiducia? Fiducia significa accettare un prezzo reale di mercato, non voler abbassare le commissioni perché conoscono il tuo valore e tanto altro. Allora, quali sono le strategie per poter costruire la tua grande armata di fan e rendere prevedibile, costante e continuativo il flusso delle referenze che ti arrivano sul tavolo?

Il valore di un agente immobiliare è dato esclusivamente dal valore del suo database di clienti soddisfatti. Concentrandoti sul passaparola, il vantaggio dal punto di vista di costi e benefici sarà incredibile, perché il tuo investimento si andrà a concentrare su persone che hanno già fatto affari con te, conoscenti, amici o tutti quelli che fanno parte della tua cerchia di conoscenze.

Questa rete di conoscenze però ha un problema: tende a esaurirsi nel momento in cui non viene costantemente aggiornata e nel momento in cui non mantieni aperto il canale comunicativo. Per fare questo, puoi utilizzare alcune strategie che adesso condividerò con te.

Primo consiglio
Cerca di fare parte di più gruppi possibili e variegati. Persone che non sono attinenti alla tua attività e che ti daranno la possibilità di

scoprire potenziali nuovi venditori magari in ambiti che non sono comunque strettamente correlati al tuo lavoro di agente immobiliare.

Giusto per dati qualche idea, parlo di associazioni di manager, associazioni di imprenditori, gruppi di interessi e così via. Se cerchi nella tua città, troverai un sacco di questi gruppi e associazioni, e magari anche qualcuno attinente a tuoi interessi o passioni specifiche.

Secondo consiglio
Cerca di partecipare a eventi dove magari sai che possono essere presenti persone collegabili al tuo target. Se hai famiglia, figli ecc., quella è sicuramente un'ottima fonte da cui andare ad attingere dei potenziali prospect.

Quindi, cerca di non fare, come facevo io in passato, l'agente segreto che si nasconde dietro uno spigolo e nessuno sa effettivamente che fa l'agente immobiliare. Biglietti da visita sempre con te e preparati a far sapere a tutti che sei un grande agente immobiliare.

Terzo consiglio

Cerca di mantenere e aggiornare costantemente un file dei clienti passati e dei centri di influenza, con più dati possibili (data di nascita, numero telefonico, residenza, indirizzo email ecc.) e attribuendo un "rating" di valore del cliente in base a quante referenze ti ha inviato. Più il rating è alto, più saranno le volte in cui devi entrarci in contatto.

Io ho un file che utilizzo e che aggiorno settimanalmente per rimanere in contatto con i miei clienti passati e con i centri di influenza, che si aggiorna automaticamente su quando devo ricontattare quel cliente. Dedicare un po' di tempo a questo file è il tempo meglio investito per il tuo business.

Quarto consiglio

Sorprendili. Un esempio (ma anche tu avrai sicuramente le tue idee): nel mio caso, il file che ho creato lo condivido con delle società che hanno il compito di andare a consegnare, a nome mio, una bottiglia di vino a casa dei clienti il giorno del loro compleanno. E il cliente che lo riceve, oltre alla bottiglia, avrà un biglietto scritto a mano direttamente da loro, a mio nome ovviamente, in cui gli faccio i miei più cari auguri.

Certo è un investimento, soprattutto quando la mole dei tuoi clienti passati aumenta, ma investire su chi ti conosce è il marketing con il miglior ritorno sull'investimento che conosco. Lascia un segno e loro si ricorderanno di te.

Quinto consiglio
Creare una lista broadcast su WhatsApp. Qui sotto, un esempio di un contenuto che invio mensilmente.

Non a caso uso WhatsApp e non l'email. Il tasso di apertura di un'email è dal 5% al 20%, con un messaggio su WhatsApp si arriva a circa l'80%. Concentriamoci sempre sull'ottenere il massimo con la stessa quantità di tempo.

Nella lista broadcast sono inseriti tutti questi nominativi che abbiamo nel nostro file. Perché questa lista? E a che cosa mi serve? Innanzitutto ti premetto che la cosa peggiore che puoi fare è continuare a spammare queste persone. Quello che devi pensare è a come poter attribuire valore anche a una comunicazione su una lista broadcast.

Nel mio caso specifico invio una newsletter interattiva mensile (tutti i contenuti sono cliccabili) attraverso WhatsApp, dove sostanzialmente avranno la possibilità di vedere delle cose che potenzialmente per loro possono essere interessanti da guardare. Non è un canale comunicativo per vendere qualcosa ma per informarli che tu esisti e che hai le competenze giuste.

L'ultimo broadcast che ho inviato era qualcosa relativo ai tassi dei mutui che sono crollati. E allora ti viene da pensare che è una informazione che la gente apprezza, perché l'80% delle persone ha un mutuo e magari la possibilità di surrogarlo a cifre più basse e risparmiare potrebbe essere una buona informazione. Questo è il tipo di informazione che devi utilizzare per mantenere il canale comunicativo aperto.

Sesto consiglio

Se all'interno di questa lista hai dei professionisti, ricordati una regola aurea: per avere business devi in primis dare business a queste persone.

C'è un professionista? C'è un artigiano? C'è una persona che ha delle competenze particolari? Tienilo bene a mente e sponsorizzalo appena hai la possibilità di poterlo fare, con persone che magari conosci durante il tuo lavoro.

È un po' quello che succede costantemente in BNI, ma che puoi fare anche al di fuori di BNI. Devi diventare un coltivatore e non un cacciatore 24 ore al giorno. E questo, nel medio-lungo periodo, ti darà la possibilità di instaurare rapporti di fiducia e creare tutti quei presupposti secondo cui magari dall'altra parte c'è qualcuno che ti deve un favore. La famosa "reciprocità" di cui parla costantemente Cialdini nei suoi libri da ormai trent'anni.

Per concludere questo modulo, ti invito a ragionare sul tuo business vedendolo come una pianta che cresce anno dopo anno e diventa sempre più forte mano a mano che costruisci la tua rete di relazioni.

A un certo punto, questa pianta sarà diventata talmente forte che nessuna grandinata e nessun evento economico nel tuo business potrà in qualche modo danneggiarti.

RIEPILOGO DEL CAPITOLO 3:

- SEGRETO n. 1: il valore di un agente immobiliare è proporzionale al suo data base dei clienti soddisfatti.

- SEGRETO n. 2: aggiorna costantemente il database dei clienti soddisfatti.

- SEGRETO n. 3: sorprendili con regali e attenzioni inaspettati.

- SEGRETO n. 4 impegnati a mantenere il canale comunicativo aperto: devono ricordarsi di te.

- SEGRETO n. 5 dai sempre in cambio valore ogni volta che comunichi con loro o quando chiedi referenze.

- SEGRETO n. 6 ricordati di referenziare i tuoi clienti "professionisti" a tuoi amici e conoscenti.

Capitolo 4:

Come fronteggiare le obiezioni del cliente

Devi rinunciare a ciò che sei,
per diventare ciò che vuoi essere
(Cit.)

La risposta? Una prequalifica professionale del venditore. Se vuoi che i risultati aumentino, questo richiede sottrazione e non addizione. Lavorare con tutti significa lavorare con nessuno, perché devi perdere tempo con persone non motivate. Quanto tempo ed energie abbiamo perso tutti con persone che non erano in linea con il nostro target?

Prima di andare avanti, una domanda: qual è il target del venditore con il quale vuoi lavorare? Perché se non ti è chiaro con chi vuoi lavorare, diventa difficile anche capire se puoi aiutare o non aiutare una persona.

Ecco **cinque punti** che utilizzo per definire lo standard del mio venditore tipo:

- deve avere un immobile a non più di 10 km dal mio studio;
- deve essere una persona che ha l'esigenza di vendere il suo immobile entro 6 mesi da oggi;
- ha un'idea di quello che pensa di voler realizzare;
- la casa che sta vendendo è di proprietà sua e di massimo altri tre eredi;
- è una persona collaborativa, ossia risponde alle domande che gli faccio per capire se effettivamente posso aiutarlo o meno.

È chiaro che, quando sono partito con la mia attività di agente immobiliare, i miei standard non erano questi, ma ogni sei mesi è giusto sedersi a un tavolo, con calma, e ragionare su quale standard sui può alzare.

Magari vuoi lavorare con immobili vicini al tuo ufficio, oppure preferisci lavorare solo con persone che vogliono vendere l'immobile entro tre mesi. Questa è una tua decisione, ma il segreto è che, se vuoi crescere e il tempo è quello, devi alzare i tuoi standard.

Come fai a capire, prima di un appuntamento, se il cliente effettivamente corrisponde alla prospect che hai in mente? A questo scopo ho preparato dei moduli di domande, di prequalifica, che adesso condividerò con te, e che hanno uno scopo ben preciso: alla fine di queste 6/7 domande, la domanda che ti devi fare è: posso effettivamente aiutarlo?

Se la risposta è sì, allora vai all'appuntamento, se la risposta è no, in modo molto semplice e chiaro, dici che ti dispiace e che non puoi aiutarlo.

Ecco il modulo delle mie domande.

PREQUALIFICA

1) [illegible]

2) [illegible] *dove ti trasferisci?*

3) **Quanta benzina** [illegible]

4) [illegible]

5) [illegible]

6) [illegible]

7) *Condivido con lei un pensiero* [illegible]

8) [illegible] *si prenderà qualche minuto* [illegible]

9) *Ha qualche domanda* [illegible]

10) [illegible]

[illegible]

[illegible]

Vediamo lo script.

Salve signor Bianchi, volevo confermare l'appuntamento che abbiamo giovedì alle 18:00. Innanzitutto mi piace arrivare preparato agli appuntamenti, le farò una serie di domande cosicché, quando sarò da lei giovedì, avrò modo di dirle il valore di mercato ed esattamente quello che farò per vendere la sua casa.

La prima domanda che faccio è la richiesta di **descrivermi la casa**. L'obiettivo di questa domanda è cercare di immaginare nella mia testa la casa, com'è composta, quando è stata ristrutturata, quali finiture può avere, com'è l'esterno, se ci saranno dei lavori da fare, se è già vuota. Sono tutti dettagli che torneranno utili per preparare l'analisi di mercato.

La seconda domanda è: **potrebbe dirmi dove si trasferirà?** È una domanda importante, legata anche alla terza domanda, che ci dà un'indicazione di quello che è il grado di motivazione del cliente, perché se la risposta è «guardi, non lo so ancora», allora ci torna utile la domanda numero tre.

Quanto tempo si è dato per trasferirsi? A questo punto, il nostro obiettivo è percepire qual è la motivazione del proprietario, entro quanto vuole andare via da quella casa e se ha un progetto. Quando si fa questa domanda, è molto importante avere una risposta da parte del venditore, e se rispondesse che non ha ancora un'idea precisa, o che non l'ha ancora preso in considerazione, ci torna utile estremizzare.

Estremizzare significa stabilire una data per fare questa operazione in un arco di medio-lungo periodo. Nel mio caso specifico, dico: «Quindi, mi faccia capire, se trovassimo un acquirente che volesse acquistare casa sua, e rogitasse comunque tra un anno, potrebbe andarle bene?»

A quel punto, è costretto a sbilanciarsi. Se dice che gli va bene, sai che hai di fronte una persona che non ha un'esigenza concreta di vendere, potrebbe farlo ma, se non lo fa, va bene lo stesso; oppure, come capita in alcuni casi, salta fuori la vera motivazione, ad esempio che un anno è troppo e vuole farlo entro sei mesi. E se il tuo standard corrisponde a quello della risposta del cliente, decidi se andare avanti, se è un tuo cliente, oppure no.

Poi chiedo quando ci vedremo e **a che prezzo intende mettere il suo immobile**.

Sappi che, da mia esperienza, il 90% delle persone ha già un'idea di quello che vuole realizzare da casa sua, e il tuo obiettivo è quello di farlo saltare fuori.

È molto importante, perché l'errore più clamoroso e continuativo che ho fatto è stato quello di insistere nel fare valutazioni di mercato a persone che avevano in mente cifre che non stavano né in cielo né in terra.

Allora bisogna continuare a fare delle domande, per fare emergere l'idea che ha in testa. A questo punto mi è capitato di dire: «Guardi, mi è capitato nel corso della mia attività di avere la certezza che chiunque ha un'idea, che può essere giusta o sbagliata, di quello che vuole realizzare».

Qual è la sua idea di realizzo? Se con questa domanda non viene fuori la cifra che ha in testa, anche qui il consiglio è di estremizzare. Porre domande che lo costringeranno a sbilanciarsi, perché siamo su una cifra di mercato inferiore, lui si aspetta di più e, a quel punto, ti dirà: «Guardi, non se ne parla neanche».

Qual è il prezzo al di sotto del quale non è disposto a scendere?
La domanda numero 5 è quella grazie alla quale abbiamo un parametro più completo di quelle che sono le aspettative che andremo a verificare nell'analisi e se possono essere soddisfatte o meno.

La domanda numero 6, invece, ci aiuta a capire se ci sono delle ipotesi B oltre alla vendita: **se lei non ottenesse la cifra che si aspetta, non venderebbe più?**

Se risponde che non ottenendo la cifra che si aspetta darà l'immobile in affitto, devi tenerlo in considerazione, perché abbiamo una persona che può scegliere e non necessariamente si dovrà mettere nelle condizioni di dover vendere la casa se la cifra di mercato non è corrispondente alle sue aspettative.

Domanda numero 7. A questo punto si entra nel merito della tua attività. La domanda che faccio è: **Cara signora Bianchi, condivido con lei un pensiero, se effettivamente, quando sarò da lei, avrà la sicurezza che per lei rappresento un vantaggio, mi prenderà in considerazione e mi affiderà giovedì stesso l'incarico di vendere la sua casa?**

Io non ho l'aspettativa che dicano di sì, anzi, è abbastanza raro, ma così riesci a capire il motivo per il quale potrebbe non prendere la cosa in considerazione e a valutare se è un problema oggettivo che si può risolvere o meno.

Se ti risponde che suo fratello fa l'agente immobiliare e non può dare l'incarico a te, questo è un problema insormontabile, ma se ti dice che prima vuole verificare la valutazione che hai fatto, quanto prendi di commissione e così via, hai già le prime obiezioni su cui potrai prepararti prima dell'appuntamento di vendita.

A questo punto devi chiederti se puoi aiutarlo o meno. Se puoi farlo, allora procedi con le ultime tre domande.

Numero 8: **Ok signora, ho preso una decisione molto importante, oggi stesso dedicherò due ore del mio tempo a preparare quello che in gergo tecnico chiamiamo pacchetto informativo, glielo spedirò a casa attraverso un pony express; lei si prenderà qualche minuto per leggerlo attentamente?**

Quello che solitamente fanno loro è chiedere cosa contiene. Contiene un'analisi di mercato, con allegati tre rogiti di case che ho venduto negli ultimi 18 mesi nello stesso periodo. Poi contiene il mio piano marketing, ossia che cosa farò ed entro quando venderò casa sua. In ultima battuta le dirò che contiene un fax simile al mio incarico di vendita. Perciò le sto già anticipando tutto quello che le arriverà.

Domanda numero 9: **Ha qualche domanda da farmi prima che venga a casa sua?** Questo serve come ulteriore ricalco per vedere se c'è qualche domanda che non è venuta ancora fuori e che ci può essere utile nel momento in cui andiamo in presentazione.

In questo caso, può essere quanto prendi di commissione, quanto dura l'incarico, se si lavora su un'esclusiva. Il tema importante è che qui non devi gestire le obiezioni, l'unica cosa che devi rispondere è: «Guardi signora, queste cose saranno le prime che andremo ad affrontare quando sarò da lei giovedì. Ci sono altre persone che decidono con lei per la vendita dell'immobile?»

Spesso andavo a casa di persone alla quali facevo una grande presentazione e alla fine mi liquidavano dicendo che ci dovevano pensare, oppure dicevano che dovevano parlarne con lo zio, il nonno, il cugino e così via. Questo perché non erano presenti tutte le persone che avevano voce in capitolo sulla vendita dell'immobile.

Con il tempo ho capito che il momento più adatto per concludere un incarico è il momento in cui sei lì, durante la fase di presentazione, quando l'emotività è alta e hai mostrato quello che possono ottenere affidandosi a te. Quindi il tuo obiettivo è fare in modo che quel giorno siano presenti tutti i decisionisti.

La domanda serve per capire se quel giorno ci saranno tutti. Se non ci saranno, devi spostare l'appuntamento. Trova un modo, o un orario, in cui possano essere tutti presenti, ma non andare mai a una presentazione se non ci sono tutti i soggetti che effettivamente possono decidere se affidarti l'incarico o meno.

Ho deciso di prendere l'appuntamento, ho deciso che mi impegnerò a fare l'analisi di mercato e a questo punto voglio avere tutte le possibilità a mio favore di uscire quel giorno con l'incarico di vendita.

Una delle regole più importanti della vendita è questa: è molto più probabile fare affari con persone che sono simili. Studia il tuo interlocutore, ma in che modo? Esistono i social media, quindi hai la possibilità, andando a vedere i suoi profili, o andando a vedere altri dettagli che magari lo riguardano, se avete degli interessi comuni o le stesse idee su qualcosa, in modo che il giorno dell'appuntamento, qualora capiti l'occasione (non devi farli venire fuori per forza), puoi trovare degli elementi di dialogo che possono darti questo piccolo vantaggio competitivo magari nei confronti di altre persone che non l'hanno fatto o non lo sanno.

Il dubbio lecito, che viene a te, come anche è venuto a me nel momento in cui ho cominciato ad adottare questo sistema, è: ma cosa penseranno le persone? In realtà, con grande stupore, ho scoperto che la prequalifica ci distingue dalla concorrenza, e questo è molto importante anche per noi, che andremo a concentrarci per fare una grande presentazione solo per appuntamenti altamente prequalificati.

La regola è molto semplice, tu devi pensare alla tua lista incarichi come a un club esclusivo dove non possono esserci dei morti, dobbiamo sempre proteggere la qualità del nostro lavoro, e alle volte dire no significa avere rispetto di noi stessi.

Ci sono state due svolte importanti nella mia carriera che hanno dato un impatto rilevante ai miei risultati: la prequalifica che hai visto sopra e la relazione di mercato professionale. Non ti nascondo che inizialmente ero molto scettico, per il semplice fatto che ognuno di noi è predisposto ad accettare la regola del "così è sempre stato". Più passa il tempo e più mi rendo conto che non accettare il come è sempre stato sia l'anticamera di grandi risultati.

Prima dell'utilizzo dell'analisi di mercato professionale, questo era quello che ero costretto a sentirmi dire: «Mi spiace, ho dato l'incarico a Pincopallo Immobiliare». Ho passato anni interi a sentirmi sbattere in faccia questa frase.

Il problema era mio, non avevo gli strumenti per far comprendere da subito il valore di mercato ai proprietari. La conseguenza? Perdere l'incarico perché qualcuno lo valutava di più sapendo di mentire per compiacerli. Oggi, grazie al mio processo di acquisizione (che vedremo nel modulo seguente) e la mia analisi di mercato professionale, 8 appuntamenti su 10 si trasformano in un incarico, a un prezzo di massimo +/- 5% rispetto alla valutazione fatta.

I vantaggi di lavorare con un'analisi di questo tipo sono:

1. Inviandola prima dell'appuntamento si dà il tempo di metabolizzare il prezzo.
2. Informa in anticipo sui termini dell'incarico e sulle commissioni.
3. Dà credibilità e alza il tuo status.

4.Distingue dalla concorrenza.

5.Mette nelle condizioni di chiudere subito.

Ho creato un videocorso in cui racconto nel dettaglio come è composta analisi mostrandotela, questo il link per informazioni:

https://www.strategieimmobiliaritop.it/obiettivo100/

Ho passato anni interi a non avere gli strumenti per far comprendere da subito il valore di mercato ai proprietari, per poi sistematicamente trovarmi a perdere l'incarico perché qualche furbetto, mentendo e sapendo di farlo, valutava di più la casa.

Oggi questo sistema mi permette di vendere la casa mediamente in 42 giorni e prendendola subito al corretto prezzo di mercato, minimizzando il rischio che qualcuno se la giochi con la valutazione più alta.

La relazione di mercato è il nostro miglior alleato per raggiungere questo grande obiettivo.

RIEPILOGO DEL CAPITOLO 4:

- SEGRETO n. 1: definisci il tuo standard di venditore tipo e invalida tutti gli altri.

- SEGRETO n. 2: utilizza tutte le domande necessarie per stabilire se hai davanti un cliente che puoi aiutare.

- SEGRETO n. 3: prima di procedere, fai uscire il prezzo che ha in testa e ricordati che tutti hanno un prezzo in testa.

- SEGRETO n. 4: non gestire le obiezioni al telefono, ma di persona.

- SEGRETO n. 5: studia e scopri tutto quello che puoi del tuo venditore.

- SEGRETO n. 6: costruisci un'analisi di mercato professionale e che ti differenzi dalla concorrenza.

Capitolo 5:

Come creare una presentazione memorabile

Se devi rimediare alla fine
significa che hai sbagliato a progettare il processo
(Cit.)

Ci sono stati anni interi in cui era davvero difficile farsi sottoscrivere degli incarichi e quindi mi vedevo costretto a lavorare anche con incarichi aperti non in esclusiva. La goccia che fece traboccare il vaso? Chiamai un venditore perché avevo una visita e quello mi liquidò dicendo: «Ho venduto un mese fa. Siete in tanti, mi sono dimenticato di avvertirla». Non ti racconto in quel momento la mia dignità dove finì. Fu un *reset*.

Se pensi di guidare qualcuno, ma nessuno ti sta seguendo, stai solo facendo una passeggiata. Ho cercato, nel tempo, di costruire dei processi di acquisizione che mi dessero la possibilità di poter seguire il cliente dall'inizio alla fine all'interno del processo.

Quello che voglio spiegarti adesso sono i due processi di acquisizione che utilizzo io e che ora condividerò con te. Il primo è quello che riguarda il processo di acquisizione con la previsita, e sostanzialmente si basa su cinque fasi.

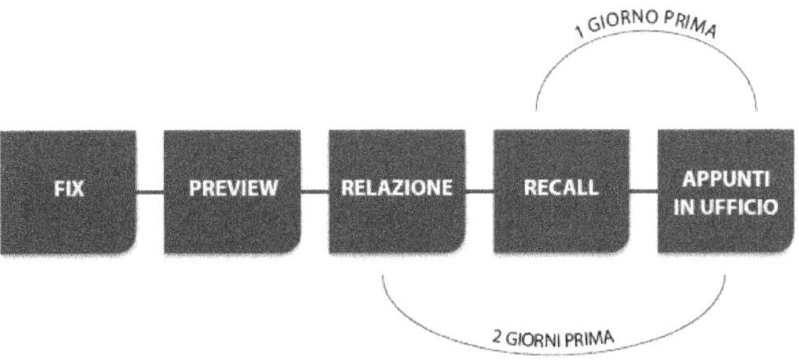

il processo di acquisizione professionale con previsita

Questo processo è quello che utilizzavo io all'inizio ed è adatto a chi fa questa attività da non molto tempo.

La prima fase è quella in cui parli con la persona e fissi l'appuntamento a casa sua per vedere l'immobile.

La seconda fase, quella che viene definita "previsita", è l'appuntamento in cui tu vai in perlustrazione a casa del cliente e lo conosci di persona.

La terza fase è quella della relazione di mercato. Sei tornato dall'appuntamento, hai capito che la persona è in target, che corrisponde al tuo cliente tipo e, a quel punto, decidi di costruire una relazione di mercato professionale.

La quarta fase è di recall: invii per posta la relazione di mercato a casa del cliente e, a questo punto, un giorno prima dell'appuntamento, lo richiami e gli chiedi se ha ricevuto la relazione, se l'ha letta e quali sono le sue opinioni.

L'ultima fase è quella dell'appuntamento in ufficio per prendere l'incarico.

Per cui, sostanzialmente, cos'è successo? Sei andato a vedere la casa, hai preparato la relazione, gliel'hai anticipata due giorni prima dell'appuntamento e gli hai fatto una telefonata il giorno prima, in cui gli hai chiesto se l'ha letta attentamente e se c'erano delle obiezioni. Pertanto si presenterà il giorno dell'appuntamento in ufficio con una visione ben chiara di quelle che sono le aspettative economiche, le tue richieste e le relazioni di mercato.

Perché è importante chiamarlo il giorno prima (recall)? Perché in quella fase lì tu hai già il polso di quelle che sono le eventuali obiezioni, magari leggendo la relazione di mercato ha qualche domanda da farti sul prezzo, o non ha capito bene il punto sull'incarico di vendita.

Inviare la relazione almeno due giorni prima ti dà la possibilità di sbollentare un po' gli animi dei venditori – che vedranno un prezzo di mercato che è differente, come sempre, rispetto alle loro aspettative – e nello stesso tempo ti pone nelle condizioni di aver già anticipato il tuo modo di operare in maniera professionale.

Il **secondo processo** (il primo lo utilizzo quando ho un oggetto particolare, un attico esclusivo o una villa particolare in una determinata zona dove è necessario vedere l'oggetto prima di fare la relazione) lo uso solitamente nel 90-95% dei casi. Ti spiegherò i vari passaggi, in quanto sono molto importanti.

Processo Top Producer

Questo è il processo avanzato che ti permette la chiusura immediata del contratto.

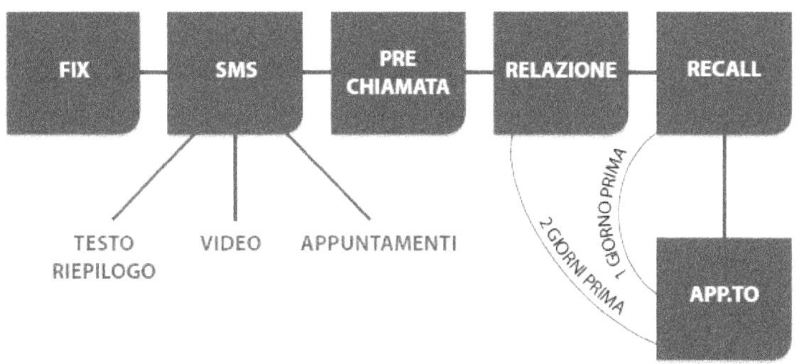

Per prima cosa fisso l'appuntamento con il cliente, tenendomi come minimo quattro giorni di anticipo; ad esempio, se oggi è lunedì, lo fisso non prima di giovedì.

Fissato l'appuntamento, stabilisco due cose con il proprietario: quando andrò a casa sua e quando avrò la possibilità di chiamarlo per fargli le domande prequalifica, ossia tutte le domande specifiche relative alla sua casa e alle sue motivazioni.

Finita la chiamata, per ricordargli tutto questo, gli mando un Sms, in cui faccio un breve riepilogo degli appuntamenti, sia telefonici sia di persona, e gli mando anche un video informativo in cui spiego in maniera dettagliata cosa significa un incarico di collaborazione, cosa significa affidare a me l'incarico di vendita di casa sua. È importante perché in questo modo andrai a informare il venditore su quella che è la tua modalità operativa in maniera professionale.

Il terzo blocco è quello rappresentato dalla prechiamata o prequalifica, in cui sostanzialmente vai a porre una serie di domande al proprietario (che abbiamo visto prima), per stabilire se risponde al tuo target e per decidere se andare a casa sua o meno. Se decidi di andare a casa sua, e il target è perfetto, allora puoi procedere a fare la relazione di mercato professionale, che andrai a consegnare a casa del cliente almeno due giorni prima rispetto all'appuntamento.

Penultimo blocco è il recall, quello che ti ho raccontato sopra, il cui scopo (se ha confermato l'appuntamento e se ha letto quello che gli hai mandato) è quello di capire le sue impressioni e se ha delle domande da farti.

Cosa succede se non ha letto il pacchetto? Devi spostare l'appuntamento, è fondamentale che ti presenti a casa del cliente solo quando lui ha almeno dato un'occhiata attenta a tutte le informazioni che sono indicate all'interno del pacchetto. Poi c'è l'ultima fase del blocco, l'appuntamento a casa del cliente.

Questi sono i processi utili per avere un impatto professionale nei confronti di un venditore, perché è quello che la concorrenza non fa e che ti mette nelle condizioni di poter chiudere l'acquisizione di un incarico subito, il giorno stesso dell'appuntamento.

Se non prendi incarichi è perché hai sbagliato qualcosa nel processo; ricordati che l'acquisizione di un incarico è una fisiologica conseguenza di un perfetto processo di acquisizione come questo.

Oggi le mie commissioni sono tutte del 3-4%, con una franchigia minima di 5 mila euro e, se me l'avessero raccontato qualche anno fa, l'avrei firmato con ogni goccia di sangue del mio corpo. Tutto questo è possibile quando ti viene riconosciuto dal venditore il tuo valore, quello che tu puoi addizionare alla compravendita del suo immobile. E il miglior modo per comunicarlo è **durante la presentazione**, o "show time", che è il momento più importante della nostra attività.

Per quanto mi riguarda, è anche molto più emozionante rispetto alla chiusura di una trattativa, perché un acquirente cerca l'immobile, mentre un proprietario sceglie il miglior agente immobiliare che lo rappresenti, e nella mia testa so che, quando uscirò da quella presentazione con un incarico di vendita, quello, in base ai parametri che ci siamo dati e alla mia metodologia operativa, è denaro contante che andrà nelle mie tasche in un arco temporale di 42 giorni.

Forse questo è l'aspetto per il quale, nell'arco di questi vent'anni, ho avuto quella che può essere definita una sana ossessione, studiando, informandomi, provandoci e testando continuamente. Questo mi ha portato a ottenere dagli 8 ai 10 incarichi in esclusiva ogni mese al prezzo corretto di mercato.

Ho costruito una pre-routine per ogni presentazione che andrò a fare e ho preparato per te una presentazione live di come parlo e di ciò che dico durante un appuntamento per prendere un incarico. Quelli che seguono sono i 5 elementi che compongono la mia routine nei minuti prima di entrare a casa del cliente.

Primo, quello è un appuntamento che dev'essere riconducibile un primo appuntamento con una donna o un uomo. La tua immagine dev'essere perfetta.

Tante volte mi capita di vedere dei colleghi che non sono vestiti in modo adeguato per fare questo tipo di attività nei confronti di alcune persone: è come se tu andassi a fare un'operazione e il chirurgo, dall'altra parte, avesse le *Converse All stars* o magari vai a fare una stipula da un notaio e quello ha un piercing al naso. Senza permettermi di giudicare nessuno, credo che ci sia un'immagine che un proprietario si aspetta da un grande agente immobiliare.

Il **secondo** suggerimento che ti do è di arrivare almeno dieci minuti prima perché, in una situazione così importante, che può fare davvero la differenza, non puoi arrivare di fretta e con lo stato emotivo di una persona che sa già di essere in difetto.

Terzo, ripassa la prequalifica che hai fatto con il cliente, quindi con te avrai il modulo della prequalifica, ti ricorderai la cifra che vuole realizzare, perché si sposta, entro quando vorrà farlo, qual è l'obiettivo che ha in testa, quali sono le obiezioni che ti ha già sollevato nella fase di recall e così via. Creati già uno schema o un'immagine di quella che sarà la presentazione che andrai a fare.

Quarto, controlla il tuo book di presentazione, quello strumento che ti serve per dare valore alla tua presentazione, e verifica che ci siano tutti gli elementi nel corretto ordine.

Quinto, guarda lo screening del venditore che hai fatto, quali sono i suoi interessi, qual è il suo lavoro, in che cosa siete affini. Devi tenere a mente queste cose perché, se si presenterà l'occasione, devi far capire che siete affini su certe cose.

Lo script che utilizzo all'interno della mia presentazione (e che consiglio di crearti anche tu) ha un senso in ogni dettaglio. Adesso ti spiego quali funzioni deve avere.

1) Deve alzare il tuo status e, di conseguenza, mettere l'interlocutore nella situazione di ascoltarti attentamente.

2) Sostiene che la tua idea è un'idea nuova, e sappi che il cervello dall'altra parte viene attivato esclusivamente se percepisce una novità.

3) Inverte il paradigma di chi è la preda è chi il predatore, e ricordati che nella vita, come nel marketing, tende ad attirare una persona che si allontana.

4) Passa il concetto che non sei legato a quel risultato.

5) Crea il giusto equilibrio nel tira e molla tra desiderio e tensione.

6) Fallo immedesimare. Soprattutto nella parte finale, ti consiglio di fargli visionare gli incarichi e le proposte di clienti che hai aiutato, mostrandogli i risultati. Se utilizzerai lo storytelling giusto, cercherai di far vivere nel tuo cliente venditore magari una situazione che hanno già vissuto altri che avevano il suo stesso problema e che, se lui si affiderà a te, la probabilità che tu riuscirai a fare la stessa cosa che hai già dimostrato di saper fare ti darà alte possibilità di uscire vincitore da questo appuntamento.

7) Ti deve mettere nelle condizioni di essere educato ma di non apprezzare troppo l'altra persona perché, se apprezzi troppo l'altra persona, il tuo ruolo diventa quello del "subordinato".

Ti do alcuni suggerimenti. C'è sempre la possibilità di migliorare in tutto questo, quindi devi allenarti almeno mezz'ora al giorno facendo *role play* sulla presentazione con un'altra persona. Inoltre, alla fine di ogni presentazione, per almeno tre anni, io mi sono fermato in auto e mi sono scritto che cosa sarebbe stato da migliorare.

Un altro suggerimento che mi sento di darti è di registrarti, una volta al mese, per vedere e sentire dal vivo quello che magari tu in prima persona essendo lì presente fisicamente non riesci a percepire.

Un altro elemento fondamentale che devi tenere a mente è che quando una presentazione dura più di mezz'ora, stai solo chiacchierando; e ricordati che in chiusura devi andare deciso e non tentennare.

Incontrai a un evento un collega americano, che fa circa 200 transazioni l'anno, e gli chiesi: «Mi dai un consiglio su come ottenere la massima percentuale di incarichi per appuntamento?» La sua risposta fu molto semplice: *«Devi attivare il il superpotere della star locale».*

Quando la gente percepisce che non sei un costo ma il loro miglior investimento per generare il miglior risultato economico, non ha problemi a pagarti e a darti subito l'incarico di vendita. Garantito.

I migliori agenti immobiliari controllano il mercato e, per farlo, devono avere i migliori incarichi nel cassetto della scrivania.

RIEPILOGO DEL CAPITOLO 5:

- SEGRETO n. 1: stabilisci quale processo di acquisizione utilizzare e seguilo.

- SEGRETO n. 2: cura attentamente la tua immagine quando vai a un appuntamento.

- SEGRETO n. 3: arriva 10 minuti prima all'appuntamento e ripassa la prequalifica e lo screening del venditore.

- SEGRETO n. 4: durante la presentazione, alza il tuo status e inverti le parti di preda/predatore.

- SEGRETO n. 5: allenati tutti i giorni sulla presentazione con un partner di agenzia.

Conclusione

Ogni primo passo non ti porta dove vuoi, ma ti toglie da dove sei.
(Alejandro Jodorowsky)

Bene, hai scoperto, pagina dopo pagina, il metodo per ottenere 7/8/10 incarichi in esclusiva al mese, al corretto prezzo di mercato e a commissioni piene. Non limitarti a leggere questo libro una sola volta: riprendilo in mano spesso, tutte le volte che hai necessità.

In questo libro hai trovato le informazioni essenziali per risolvere le problematiche che gli agenti immobiliari hanno ma, come ho scritto all'inizio, tutto dipende da te.

Dai tanti corsi di formazione a cui ho partecipato negli anni e dai tanti libri che ho letto, ho capito una cosa fondamentale: non esiste nessuna informazione, nozione o conoscenza che, per il solo fatto di averla letta o ascoltata, sia in grado di cambiare i tuoi risultati.

La differenza, d'ora in poi, la fai tu! Puoi scegliere di mettere subito in pratica le conoscenze appena acquisite, oppure rimanere dove sei. Ma posso garantirti che, dopo aver letto questo libro, sarai avanti anni luce rispetto ai tuoi concorrenti.

Non esiste nessuna bacchetta magica e ora è il momento di rimboccarsi le maniche e portare il tuo livello di agente immobiliare al top, così da essere riconosciuto come il miglior agente della tua città.

Conosco tanti agenti che comprano libri su libri solo per il gusto di averli e poi non li leggono, oppure non mettono mai in pratica il loro contenuto. Conosco persone che fanno corsi di formazione da 4.000 euro con i migliori formatori al mondo, ma poi non riescono a convertire le informazioni all'interno della loro attività.

Conosco agenti immobiliari che sentono la necessità di formarsi e di confrontarsi, ma non con gente che non è sul campo e che parla solo per sentito dire, ma gente che è sulla strada tutto il giorno, come loro.

Per questo ho voluto creare un videocorso "OBIETTIVO100TRANSAZIONI" che è organizzato e pensato appositamente per agenti immobiliari, con esempi su come personalmente svolgo ogni giorno questo lavoro generando grandi risultati.

Ti mostrerò tutte le fasi che mi hanno permesso di crescere del 50% all'anno in termini di fatturato. Stiamo parlando da 120.000 euro nel 2014 a 650.000 euro nel 2019.

Ogni partecipante avrà la possibilità di confrontarsi, all'interno di una community, con gli altri studenti che, come te, vogliono diventare grandi agenti immobiliari.

Proprio per questi motivi, mi sono impegnato a creare questo videocorso già acquistato da più di 322 Agenti immobiliari, formato da 20 moduli, che ti aiuterà a ottenere i risultati che desideri. Un format che è riservato ad agenti immobiliari che vogliono far crescere le loro competenze in maniera costante e continuativa.

Questo il Link

————> https://www.strategieimmobiliaritop.it/obiettivo100/

Ecco alcune testimonianze:

Roberta Conca
Simone è un egregio professionista che ottiene grandi risultati. Questi sono i fatti. Ho iniziato a vedere la prima parte del suo videocorso e dico che pochi sanno condividere e in modo così trasparente il proprio know how. Complimenti

50 m   Mi piace   Rispondi

OGGI

Ciao Simo! Causa allegro intervento (menisco) ne sto approfittando e mi sto guardando tutto il tuo corso. Complimenti. E' fatto davvero bene. Ps sei un mostroooo . Comunque soldi spesi davvero bene . Stammi bene. 

12:01

 Nicole Patricia Di Gaetano consiglia Obiettivo 100 Transazioni.
24 dicembre alle ore 10:23 · ⓖ

Simone Rossi non lo conoscevo o quantomeno solo di fama.. E devo dire che dall'altra parte dello schermo non mi risultava particolarmente simpatico. (mi sbagliavo) Poi abbiamo avuto modo di scambiarci delle opinioni e da lì tutto è cambiato. Credo di essere stata una delle prime ad acquistare il video corso e devo dire che è la cosa migliore che io abbia mai visto in 7 anni in Re/Max è il perfezionamento di un metodo che non lascia niente al caso, niente, neanche una virgola. Il modo semplice ma coinvolgente con cui lo spiega ti apre gli occhi su come e perché fare certe azioni, alcune talvolta o nella gran parte dei casi totalmente ignorate. Posso solo fare i miei complimenti a Simone per ciò che è riuscito a fare, per il percorso ad ostacoli che si è trovato davanti ma ogni volta è riuscito ad aggirare. Ma soprattutto GRAZIE per aver trasferito a noi il proprio know how, preziosissimo, perché solo chi veramente ha vissuto sul campo può raccontare ed insegnare come affrontare il lavoro più bello del mondo. Il nostro.

La Broker di Viareggio

 Tiziano Tommasini consiglia Obiettivo 100 Transazioni.
7 novembre 2019 · ⓖ

Simone Rossi, il miglior agente immobiliare che abbia mai incontrato.
Etica professionale ineccepibile
Solidissime competenze.
Efficacia implacabile.

 Damiano Castellana consiglia Obiettivo 100 Transazioni.
5 novembre 2019 · ⓖ

Ho conosciuto Simone tramite un nostro carissimo amico e collega. Da subito ho riscontrato in lui una grande disponibilità nel condividere le sue strategie vincenti, che ho subito applicato e modulato in base al mio metodo di lavoro, ottenendo ottimi risultati. Lo consiglio vivamente a chi vuole davvero alzare il livello. Grazie Simone. Sei una gran bella persona.

Ugo Palmisano consiglia Obiettivo 100 Transazioni.
2 novembre 2019

Da un professionista con questi numeri non si può far altro che imparare. Per chi vuole scoprire come arrivare ad alte performance nel lavoro di agente immobiliare, da chi lo fa davvero, prima di insegnarlo.

Filomena Sibona consiglia Obiettivo 100 Transazioni.
1 novembre 2019

Da più di due anni ormai,seguo Simone come agente immobiliare e quello che ho imparato ad apprezzare in lui è l'entusiasmo,l'energia e la determinazione con cui ogni giorno affronta il lavoro. Ho sempre pensato che è un professionista da prendere come esempio. Secondo me pochi come lui. Grande Simone!!!

Marina Tsimbal consiglia Obiettivo 100 Transazioni.
11 dicembre 2019 alle ore 17:23

Geniale!
Ho partecipato e visto tanti corsi...
Ma la differenza è tra le elementari e qui invece siamo a un master...
Un concentrato di esperienza e di cose da applicare subito.
Grazie!

«Il successo, comunque lo si definisca, si raggiunge seguendo le convenzioni e le abitudini giuste purché siano concrete e testate» (Cit.).

Già tanti agenti immobiliari hanno acquistato questo videocorso lasciando il feedback della loro esperienza sulla pagina Facebook OBIETTIVO100TRANSAZIONI (https://www.facebook.com/pg/obiettivo100/reviews/)

Ora sta a te, non perdere altro tempo, passa all'azione!

Ai tuoi successi, buone vendite.

Simone Rossi

Ringraziamenti

Ai miei genitori, mi hanno sempre lasciato la possibilità di sbagliare da solo per essere poi costretto ad arrangiarmi.

È una delle cose più formative che ho vissuto.

A mia moglie, se non c'è una persona al tuo fianco con cui festeggiare, tutto vale la metà.

A mio fratello, ci sentiamo poco, ma quando le cose si fanno importanti, in 16 secondi ognuno è a disposizione dell'altro.

Ai miei amici di sempre, Matteo e Fabio, non ricordo una volta in cui non siete stati disponibili indifferentemente dal fatto di possedere una Fiat Uno o una Tesla.

Alle mie figlie, il mio "grande perché" sono loro, ogni giorno esco con l'obiettivo di fare qualcosa che possa ispirarle.

Al mio più stretto alleato lavorativo, Francesco Iacomelli, perché da solo puoi ottenere grandi successi, ma se ti capitano le persone giuste, avviene la magia.

Al presidente Remax Dario Castiglia e Ilaria Profumi, grazie per avermi sempre appoggiato in tutto e per tutto.

A tutti gli agenti immobiliari, quelli che ogni giorno si svegliano e lavorano con l'obiettivo che la percezione che le persone hanno di questa categoria professionale, un giorno cambierà.

www.ingramcontent.com/pod-product-compliance
Lightning Source LLC
LaVergne TN
LVHW041225200726
843507LV00013B/2578